AF298722

NOTICE

SUR LA MAISON CENTRALE

DE GAILLON

(*EURE*.)

PAR M. DOUBLET DE BOISTHIBAULT,

Avocat,
Ancien membre de la Commission
des prisons de Chartres, l'un des conservateurs
de la Bibliothèque de cette ville, des Antiquaires de France
et de Normandie ; des Sociétés de la Morale chrétienne pour
l'abolition de l'esclavage, des Sciences, Belles-Lettres et
Arts d'Orléans, correspondant du ministère
de l'intérieur pour la conservation
des monumens publics
d'Eure-et-Loir,
etc., etc.

> Quand on interroge cet ordre matériel pour y rechercher quelle garantie morale il présente à la société, on voit que tout y semble faciliter plutôt que prévenir la récidive (Lucas, *Théor. de l'Emp.*, t. 2, pag. 323.)

(EXTRAIT DU JOURNAL GÉNÉRAL DES TRIBUNAUX.)

PARIS.

IMPRIMERIE DE COSSON,
Rue St.-Germain-des-Prés, 9.
1837

MAISON CENTRALE

DE GAILLON

(EURE).

On ne saurait faire un pas en Normandie, *cette terre de châteaux*, devenue si productive et si utile, sans rencontrer, à côté des vestiges des guerres dont ce pays fut le théâtre, des établissements utiles, fruits du travail et de l'industrie de notre époque. A trois lieues de Vernon, au-dessus de la route de Rouen à Mantes, s'élève le vieux donjon de Gaillon. Les souvenirs qu'il rappelle suffiraient pour fixer l'attention du voyageur. Dans la conquête de la Normandie, cette châtellenie servit à Philippe-Auguste (en 1204) à récompenser les bons et loyaux services de l'un de ses capitaines nommé *Cadoc*. Devenue plus tard la propriété de Saint-Louis, le monarque en fit l'échange avec les archevêques de Rouen. Elle fut ruinée en 1423, lors de la guerre de la France avec l'Angleterre. Georges d'Amboise, cardinal, archevêque de Rouen, fit abattre le château de Gaillon, en bâtit un nouveau que le cardinal de Bourbon et Nicolas Colbert, archevêques au même diocèse, se plurent à embellir. Au XVe siècle, c'était un lieu de plaisance ; au XIXe, c'est une prison !... Au moment où Napoléon se disposait à passer le Niémen avec la grande armée, un décret du 3 juillet 1812 affectait les bâtiments de Gaillon, comme propriété domaniale, à l'établissement d'une maison centrale destinée à recevoir les condamnés à la réclusion de cinq départements voisins : l'Eure, Eure-et-Loir, la Seine-Inférieure, l'Orne et la Somme.

Lorsque je résolus de visiter Gaillon, j'étais loin de céder à un vain et puéril sentiment de curiosité. Observer le coupable au moment de l'expiation de son crime, reconnaître et constater le bienfait ou l'inefficacité de la peine, chercher dans l'étude des faits et dans des théories sérieuses un remède au mal, tel est le but des travaux de quelques hommes de bien ; je les suis, je les observe, je cherche à les imiter : œuvre généreuse, mission sainte, à l'accomplissement de laquelle tendent notre zèle et nos efforts. La bienveillance de M. le ministre de l'intérieur m'avait ouvert l'entrée de cette maison.

C'est, comme nous le disions, dans les dépendances de l'ancien château de Gaillon qu'est établie la *maison centrale de détention*, inscription qui se lit à l'entrée même de la maison. On y arrive par un escalier tortueux qui prend naissance dans le bourg et qui, à son extrémité, le domine complétement. Arrivé à ce point, l'on découvre un panorama admirable, des sites délicieux, une campagne riche de végétation. C'est un point de vue ravissant qui rappelle la Suisse et l'Italie. L'air vif et pur qu'on y respire rend ce lieu très-salubre. La position des bâtiments, leur isolement, sont favorables à l'établissement d'une maison de réclusion. L'entrée est flanquée de deux tourelles dont l'architecture paraît être du temps de François Ier, elle a quelques points de ressemblance avec certaine partie du château de Blois. On voit dans le bourg de Gaillon une maison fort ancienne, construite en bois, avec porche soutenu par des piliers en bois. La charpente extérieure est presque à nu ; on remarque des sculptures bien conservées ; la Salamandre y est représentée visiblement. Cette maison est aujourd'hui occupée par l'aubergiste de *Saint-Nicolas*.

Après avoir franchi le premier guichet de la maison centrale, on se trouve dans une première cour, une eau vive y coule sans interruption. Sur la façade opposée aux tourelles est gravée sur la pierre une inscription contenant l'histoire abrégée de Gaillon ; la voici littéralement :

MEMORIÆ

POSTERITATI HONORI

SACRUM.

Gallio et origine et usu Loci majestati regius, regum Galliæ olim patrimonium, ecclesiæ et pietatis gallicanæ atque neustriæ provinciæ dignitatis tàm unum quàm œternum monumentum, sancto Ludovico odoni benettio rothomagenci archiepiscopo commutatione traditus à cardinale Estotevillâ, hoc primo castri vestibulo solidè munitus, à legato de ambasiâ Ludovici XII munificentiâ regiâ, ex rebellantis genuœ tributo, superba œdificiorum mole per juga montis ductus atque extructus, stupendi fonte marmoreo ex venetorum munere, illustratus templis donariis ac sanctorum reliquiis non minùs magnificè quàm religiosè ornatus, cardinalium à Borbonio diligentiâ auctus insigni carthusiâ nobilitatus cardinalis à Joyeusâ sumptu partim ex incendio instauratus, nunc demùm successoris ejus à manu vivâ Francisci de Harlayo, vivi manu decoratus, vivâ effigie avunculi cui ambasiâ ejus que depictis, sed adhuc spirantibus triumphis donatus, fontibus per inferiores hortos diductis, in exsultantibus speciem conversus,

vario passìm opere novatus, pastorali carmine decantatus sacrarum
musarum studiis et à se institutœ pauli academiæ in noctorum viro-
rum usum dicatus consecratus anno christiani orbis CICICCXXXII
— Franciscus de Harlayo scrips. ac inscrips.

Le château de Gaillon a été approprié à sa destination actuelle;
on en a tiré tout le parti possible dans la distribution des salles
nécessaires aux ateliers, aux préaux, aux infirmeries, et, en iso-
lant complètement les hommes des femmes, on a cherché à rendre facile la surveillance des uns et des autres. Les ateliers sont
vastes, les dortoirs le sont beaucoup moins et sont établis dans
plusieurs salles séparées. Les lits sont suffisamment espacés, les
corridors aérés ; une propreté excessive contribue à la salubrité
de cette maison. Le matin au lever, dans la journée après les heures des repas et du repos, les salles, les cours sont balayées, l'eau
courante entretient la fraîcheur dans les cours ; cette eau est gla-
ciale. Il y a quelques années, elle passait à travers des canaux en
fonte On reconnut qu'à la longue elle oxidait tellement le fer,
qu'il se formait intérieurement une matière concrète qui parve-
nait à les boucher. Pour remédier à cet inconvénient, on a fait
arriver l'eau dans un canal creusé sous la forme d'une gouttière,
recouvert par une plaque en fonte. Les latrines sont placées au
milieu des préaux : c'est un pavillon carré. Sa disposition, malgré
l'active surveillance des gardiens, ne peut être que dangereuse
pour les mœurs. La dépravation des prisonniers est un mal que
l'on ne peut empêcher de se produire sous une physionomie plus
ou moins hideuse, mais qu'il ne faut pas involontairement favoriser et entretenir par le mode de construction des bâtiments. Il
faut que le gardien puisse, à toute heure du jour comme de la
nuit, contrôler les actions, les démarches des prisonniers ; sans
ce contrôle de tous les jours, de tous les instants, que d'abus ! et
quels abus, quelles turpitudes verront le jour !... On a reconnu à
Gaillon les inconvénients de la disposition des latrines telles qu'elles
sont en ce moment établies. Sur l'un des préaux on a construit, le
long de la muraille, plusieurs travées sans clôture extérieure, de
manière à rendre impossible le contact des détenus entre eux. Des
constructions semblables seront faites sur ce modèle dans les autres préaux : nulle amélioration n'était plus désirable.
C'est dans l'enceinte même des bâtiments, fermée par le mur
de ronde, que se trouvent la cuisine, la cantine, le logement des
gardiens. Celui du directeur, de l'inspecteur et de l'aumônier sont

en dehors à quelques pas de la maison. La cuisine de l'administration est à côté. Le terrain qui l'avoisine, encombré de matériaux divers, de bois, de pierres, etc., en sera bientôt débarrassé; il sera nivelé et planté de manière à s'harmonier avec le plan général de cet établissement. Un peu plus bas est une filature appartenant à l'entrepreneur des travaux de la maison, M. Guillot. Le terrain sur lequel elle est construite appartient à l'Etat, qui a permis qu'on s'en servît pour favoriser les rapports, nécessaires d'ailleurs, entre l'entrepreneur et les détenus.

Nous n'en dirons pas davantage sur l'état *matériel* de la maison de Gaillon.

Le *personnel* comprend 1 directeur, 1 inspecteur, 1 greffier, 1 commis aux écritures, 1 aumônier, 1 médecin, 1 chirurgien, 1 pharmacien, 1 gardien en chef, 1 premier gardien des hommes, 1 portier principal, 23 gardiens et 3 portiers. Les gardiens sont choisis de préférence parmi les vieux militaires. Leur fidélité éprouvée, leur exactitude rigoureuse à s'acquitter de leurs devoirs les rendent plus propres que tous autres à cet emploi. Les gardiens veillent à l'intérieur. Une compagnie du 43e de ligne, tenant garnison à Evreux, est casernée dans le donjon même, à l'entrée du château; longtemps ce service fut confié à des vétérants. Des sentinelles sont placées de manière à dominer les préaux et les chemins de ronde.

Une évasion est, sinon impossible, du moins fort difficile. Dans chaque guérite se trouvent des cartouches : le factionnaire a la consigne de faire *feu* sur tout prisonnier qui tenterait de s'évader, s'il n'a pas déféré aux sommations qu'il lui aura faites de rentrer ou de cesser toute tentative. A chaque guichet on lit : *Faites-vous reconnaître*, ce qui veut dire que toute personne qui veut le franchir doit frapper d'abord à la porte, être reconnue par le gardien, après quoi le cordon est tiré. Le prédécesseur du directeur actuel de la maison centrale, M. Durand, qui l'a administrée pendant plus de vingt ans, l'avait divisée en plusieurs quartiers. Ainsi, il y a le quartier *Saint-Charles*, le quartier *Saint-Louis*. Ces dénominations ne sont connues ici que parce qu'on les voit encore inscrites sur les portes. Le même directeur, homme humain et essentiellement religieux, avait fait inscrire sur les murs de la maison, à l'entrée des ateliers, des préaux, de la chapelle, etc., des maximes assurément fort morales; l'Ecriture-Sainte les avait fournies. Il espérait que, par l'habitude de les voir (pour ceux qui savaient lire), elles pénétreraient plus aisément dans le cœur des détenus. Nous doutons que cet effet ait été produit ; toutefois, le moyen de moralisation vaut beaucoup mieux que celui d'*intimidation pure* conseillé par *Bentham*, lequel consiste à effrayer le condamné par des tableaux tout au plus propres à terrifier de jeunes et naïves imaginations.

La maison centrale de Gaillon est destinée à recevoir quatre catégories de condamnés, qui pourtant n'en forment qu'UNE par l'*uniformité* du régime auquel ils sont soumis. 1º Les condamnés à plus d'un an d'emprisonnement ; 2º les condamnés à la réclusion ; 3º les femmes condamnées aux travaux forcés à perpétuité ; 4º les enfants acquittés d'un délit ou d'un crime comme ayant agi sans discernement, et renvoyés à ce titre dans une maison de correction pour y être renfermés pendant un temps qui peut durer jusqu'au moment où ils accompliront leur vingtième année, conformément à l'art. 66 du Code pénal. Cette *homogénéité* dans la peine appliquée à des moralités différentes nous paraît essentiellement vicieuse et injuste. Les femmes condamnées aux travaux forcés à perpétuité ne devraient pas subir la même punition que celles condamnées à la réclusion ou à l'emprisonnement. Une distinction serait également nécessaire entre ces deux dernières peines, ou plutôt dans le mode de leur application, autrement la rigueur ne sera plus que dans les *mots*. Peu importe au condamné vulgaire. Ce n'est pas tout ; les enfants renvoyés dans une maison de correction ne sont pas *condamnés* dans l'acception *légale* du mot ; ils sont renfermés à titre de *correction* pour les protéger et les défendre de l'envahissement de penchants mauvais, d'une corruption précoce.

La loi dépouille leurs père et mère de la tutelle qu'elle leur avait remise (nous entendons par tutelle l'administration de la *personne*), et dont ils ont méconnu les devoirs. Sont-ils orphelins, elle se charge de les élever jusqu'au moment où elle leur aura fourni les moyens de pourvoir à leur existence par le travail. Comment les prescriptions de la loi sont-elles exécutées ? Condamnés à la *réclusion*, à l'*emprisonnement* ; enfants renvoyés dans une maison de *correction* ; TOUS sont confinés dans une maison centrale de détention ! C'est là que *tous* vivent et respirent un air infect ! Sans doute il y a des dortoirs, des préaux séparés, pour les enfants ; au réfectoire, ils se placent les premiers à une table qui leur est réservée, ils la quittent dans le même ordre, jusque-là tout va bien. Mais que devient la sollicitude de l'administration, à quoi aboutissent ces précautions si louables, alors que le travail réunit les *enfants*, les adultes, les condamnés en récidive, les vieillards, etc.? Ce contact, ce frottement, répétés chaque jour, rend toute réforme impossible. Quels exemples offrez-vous à de jeunes enfants dont les parents, par faiblesse ou par imprévoyance, sont souvent plus coupables qu'eux? Quelles traditions rapporteront-ils des maisons centrales? La mémoire du cynisme le plus éhonté! La communication est difficile, objectera-t-on, puisque le silence règne dans les ateliers : soit; mais les *prévôts*, les *contre-maîtres*, chargés de la police des salles, peuvent-ils empêcher des individus placés les uns auprès des autres d'échanger quelques mots, quelques signes de convention? en faut-il davantage pour initier un enfant dans la science du mal? Un autre inconvénient de cette confusion : les connaissances que l'on fait dans les prisons suivent le prisonnier à sa sortie; elles s'attachent à lui, suivant une expression des docteurs : *Sicut lepra cuti*.

Or, nous le demandons à tout homme de bonne foi, qu'un jeune homme quitte à 18 ans la maison centrale dans laquelle il aura été détenu à titre de correction, et qu'il éprouve la familiarité d'un ancien compagnon de son atelier, combien n'aura-t-il pas à souffrir d'une telle rencontre! et si cet individu est un malfaiteur de profession, s'il est assez adroit pour former une nouvelle liaison avec ce jeune homme, calculez-en les conséquences; elles sont immenses! Si les magistrats chargés de l'application de la loi voyaient par eux-mêmes le mal que nous signalons, ils useraient moins largement du droit que leur confère l'article 66 du Code pénal, que plus d'une fois ils ont appliqué comme une *faveur* à l'enfant orphelin ou délaissé! Nous avons entendu maintes et maintes fois *tel* chef de parquet avouer que l'enfant traduit à la barre d'une juridiction correctionnelle avait, dans le fait qu'on articulait contre lui, agi *sans discernement;* que c'était le cas de le renvoyer de la prévention dont il était l'objet, mais qu'à raison de l'état de vagabondage dans lequel il vivait, il convenait, *dans son intérêt même*, de l'envoyer dans une maison centrale. Le Tribunal, dans sa foi toute naturelle, déférait aux réquisitions du ministère public, et l'enfant *non condamné* allait grossir la foule *des condamnés*. J'ai vu à Gaillon un enfant détenu à titre de correction, par suite d'un jugement du Tribunal de Dreux, confirmé sur appel à Chartres. Cet enfant, originaire de Bu, était moitié idiot, et en outre épileptique. Arrivé à la maison centrale, on ne sait à quoi l'occuper, puisqu'il n'est apte à aucun travail. Naguère l'enfant se fit un jeu de monter aux barreaux de l'une des fenêtres de la salle où il était, la sentinelle l'aperçoit, lui défend d'agir ainsi ; l'enfant ne tient aucun compte de l'avertissement. Vinrent des défenses plus expresses, des sommations qui n'eurent pas plus d'effet, la sentinelle fit *feu* ! Heureusement que les carreaux de verre furent seuls atteints... Un gardien survint, expliqua l'état mental de cet enfant. A quoi tint-il qu'il tombât frappé à mort. Je l'ai interrogé, il regrettait son pays, et promettait d'être sage. Au lieu de le confiner dans une maison centrale, condamnez-le à vivre dans une maison de santé, au moins sa vie n'y sera pas en danger.

La maison de Gaillon peut recevoir 12 à 1,300 individus. Lors de ma visite, j'en comptai 1,128, ainsi répartis :

Hommes,	761
Femmes,	307
Enfants,	60
Nombre égal,	1128

Les départements dont la contribution en *déportés* est la plus forte sont dans cet ordre : la Seine-Inférieure, l'Eure, l'Orne, l'Eure-et-Loir, etc. ; le vol est le crime ou le délit le plus commun. Les bergers forment une classe assez nombreuse dans la catégorie de ce crime. Ils se trouvaient au nombre de vingt lorsque je fus à Gaillon. Les habitudes oisives (par ce mot nous entendons parler du défaut d'habitude d'un travail *manuel*) des bergers rendent difficile l'emploi de leur temps, on ne sait à quel ouvrage les appliquer.

Le transport des détenus, au moyen des voitures *cellulaires* s'était déjà effectué à Gaillon trois fois ; les *entrants* s'en trouvaient à merveille. A leur arrivée, ils sont baignés, leurs cheveux sont coupés (pour les hommes). On leur enlève leurs vêtements pour les revêtir de ceux de la maison. Les hommes ont deux costumes, l'un d'hiver, l'autre d'été. En hiver, ils portent un vêtement de gros drap, avec parement rouge au collet ; en été, c'est une étoffe grise plus légère. Ils ont un pantalon, un gilet, une cravate, des chaussons (sans bas), des sabots et une casquette. Les femmes ont un vêtement fort propre : des bas, des chaussons, des sabots ; elles portent sur le cou un fichu fond blanc rayé en bleu, et un autre de même couleur sur la tête. Les effets que laisse le condamné sont lavés, nettoyés, mis au magasin pour leur être remis au moment de leur sortie. Si leur détention doit se prolonger au-delà de deux ans, le condamné peut les envoyer chez lui, sauf à les faire revenir à cette époque où son temps expirera. Le directeur demande au condamné quel est son état ; s'il y a dans la maison un atelier qui lui convienne, il y est placé ; s'il n'existe pas, on cherche à rendre le détenu propre à travailler à tout autre atelier, suivant sa capacité présumée.

Le régime alimentaire est l'objet des soins assidus de l'administration. Si le condamné est débiteur de son temps, de son travail envers l'Etat, l'Etat, à son tour, doit assurer convenablement son existence. Les aliments sont fixés pour *cent* individus, savoir :

Les lundi, mercredi et samedi,

20 litres de légumes secs,

5 kilogrammes de légumes frais, ou 1 kilogramme d'oseille cuite,

1 kilogramme 1|2 de beurre ou 1 kilogramme 1|4 de graisse.

Le pain de soupe est le même que celui du dimanche.

Quand les pommes de terre manquent, on les remplace par 9 kilogrammes de légumes secs ou 16 hilogrammes de légumes verts. En ce cas, on double la portion d'oseille cuite.

La viande et le riz sont donnés une fois par semaine (le jeudi). On donne 15 kilogrammes de viande pour 100 détenus ; plus 1 litre de carottes ou de légumes frais, 25 litres de pommes de terre ou 15 litres de légumes secs.

Le dimanche :

3 litres de légumes secs,

1 litre de légumes verts,

1 kilogramme 1|2 de beurre,

1 kilogramme de sel et de poivre,

6 kilogrammes 1|2 de riz.

Le tout par 100 individus.

Le pain de soupe, qui se distribue, est de 75 grammes par individu (homme), et de 60 grammes pour une femme.

Le régime alimentaire est généralement bon ; aucune fourniture n'est reçue sans que sa *quantité* spécifique et sa *qualité* aient été vérifiées par l'inspecteur. J'ai goûté le riz et le pain, ils m'ont paru excellents. A ce sujet, je ferai une observation : le pain que l'on distribue aux détenus est d'une qualité supérieure à celui que l'on donne à la troupe ; cette différence existe, à quelques exceptions près, dans toutes les maisons de détention. C'est un mal, l'excès dans ce cas est un défaut. Je ne prétends pas que le condamné doive recevoir du pain d'une mauvaise qualité, pas plus que je ne veux accorder au soldat du pain d'une qualité supérieure ; ce que je désire c'est que l'on donne à l'un comme à l'autre un pain sain, bien confectionné, nourrissant, et s'il doit y avoir une différence pour la qualité, elle doit être pour le citoyen qui protége la société, et non pour celui qui s'est insurgé contre elle.

Les aliments sont en rapport avec les besoins qui naissent du travail ; le travail cessant par le mauvais vouloir du détenu, celui-ci est mis au cachot, et ne reçoit que du pain et de l'eau.

Pourquoi faut-il, ce cas de punition excepté, que le détenu ayant quelques ressources (il en a *toujours* en travaillant) puisse suppléer à l'insuffisance (qui n'est pas *réelle*) ou à la qualité inférieure des aliments que lui doit la maison ? C'est là un vice commun à nos maisons centrales. Nous voulons parler de la *cantine*, dont l'existence tolérée par l'administration mérite d'être sévèrement blâmée.

Il y a une cantine pour le quartier des hommes et une pour le quartier des femmes où se distribuent les comestibles et les boissons pour les détenus. Un tarif indiquant le poids et le prix de chaque article est arrêté tous les trois mois entre le directeur et l'inspecteur de la maison et approuvé par le préfet. Il est affiché à côté du guichet de la cantine. Les distributions ne peuvent se faire qu'aux heures de récréation en présence d'un gardien qui doit veiller à ce qu'il ne puisse être vendu, dans le même jour, à un détenu plus d'un litre de vin et deux litres de bierre.

Les détenus se présentent deux à deux au guichet de la cantine et seulement aux heures de récréation. Ceux des détenus qui sont placés à l'infirmerie et au cachot ne peuvent rien prendre à la cantine. L'existence de la cantine, admise en principe, offre des abus contre lesquels on ne saurait trop s'élever lorsqu'on veut la réforme des détenus. Devant la loi, et ici c'est la péine qui la représente, toutes les positions doivent être égales, la peine est leur niveau. Il ne faut pas qu'il y ait deux régimes, l'un pour celui qui a quelque chose, l'autre pour celui qui n'a rien ; c'est créer un privilége dans un lieu où la justice doit régner seule, c'est un scandale qui doit avoir un terme. Il faut que l'orgueil du riche fléchisse devant le langage plus modeste du pauvre.

Je ne voudrais pas davantage que les accusés pussent recevoir du dehors les aliments qui leur seraient envoyés ou remis par leurs parents ; l'abus serait le même que celui que je signale. Le réglement arrêté par le préfet de l'Eure le 1er novembre 1816 distinguait à cet égard : les condamnés par les Tribunaux *criminels* (Cours d'assises) ne pouvaient rien recevoir du dehors. Rien ne justifiait cette préférence. Sans contredit nous voudrions un régime différent pour le condamné à la réclusion et pour celui condamné à l'emprisonnement, mais nous rejetons celui qui consistera dans une nourriture plus ou moins succulente ; la première chose qu'on ne peut refuser à un détenu c'est la nourriture, elle doit être la même pour tous, sans acception de la moralité des individus. — Un autre inconvénient est à signaler dans le mode actuel de distribution du vin, du cidre, etc. Pour le vin, il est consommé sur place ; pour le cidre, il n'en est pas ainsi : la portion distribuée est emportée par le détenu pour l'aider à manger son pain. Cela étant, rien de plus facile à celui qui a de l'argent, à se procurer par d'autres détenus la portion de cidre qu'ils auront achetée ; de là l'ivresse. J'ai vu dans un cachot un détenu que le directeur avait condamné à quelques jours de réclusion pour s'être enivré..... Vainement le réglement rend-il le gardien, présent à la distribution, responsable de l'ivresse, il faut une peine qui frappe le détenu sans atteindre son surveillant. La suppression de la cantine aura lieu infailliblement. Qu'en résultera-t-il ? Quelques privations pour le condamné, privations nécessaires, jamais injustes, alors que le régime alimentaire auquel il restera soumis, commun aux uns et aux autres, sera parfaitement hygiénique... Chaque jour la visite du médecin ayant lieu, si la santé du prisonnier s'altère, des soins généreux lui sont donnés, le travail ne lui est plus imposé, on l'envoie à l'infirmerie. En hiver comme en été la cantine procure du lait, le matin, aux détenus. En été, dans chaque salle, on boit de l'eau acidulée à volonté.

DU TRAVAIL.

Pour bien comprendre cette partie importante d'une maison centrale, il convient de dire que le gouvernement assure, par une adjudication, tous les besoins d'un détenu. Le nourrir, le vêtir, le coucher, l'entretenir tant sain que malade, telles sont les obligations que contracte l'entrepreneur ; le gouvernement lui paie quarante centimes par détenu. L'état fournit même tous les outils nécessaires pour les travaux que l'on fait exécuter dans la maison centrale. Moyennant ce marché passé, l'entrepreneur a le plus grand intérêt à utiliser les prisonniers. Il passe lui-même des sous-marchés, établit des ateliers de travail, et cherche par tous les moyens possibles à rendre le travail productif. Son intérêt est celui des détenus, et l'état en profite le premier. Le produit actuel des ateliers est de 10 à 12,000 fr. par mois, qui se partagent ainsi : un tiers pour la maison, un tiers est remis au prisonnier pendant la détention, c'est ce qu'on appelle le *denier de poche*, l'autre tiers ne lui est remis qu'à sa sortie. Que l'on ne croie pas que le détenu soit à la discrétion de l'entrepreneur ; le taux du salaire n'a point été livré à son arbitraire ; ç'eût été une imprévoyance coupable de laisser s'établir une lutte entre les exigences du maître et celles de l'ouvrier. L'administration a fixé un salaire qui est le prix moyen donné dans les fabriques voisines. Ce prix subit la diminution d'un cinquième pour indemniser l'état de *l'usé* des outils qu'il fournit à la maison.

On compte dans la maison de Gaillon des ateliers de tissage, de carde, de filature, d'ébénisterie, de menuiserie, de serrurerie. —Il y a des chaussoniers, des cordonniers, des tailleurs, des bonnetiers, des fabricants de soufflets, et on y travaille la paille. Ce dernier genre de travail occupe les moins intelligents, les vieillards, les enfants...

Un atelier remarquable avait été établi, il s'occupait de la fabrication des instruments d'optique et de mathématiques. Il en sortit des ouvrages d'une finesse achevée. Au mois de mars 1837, cet atelier occupait 43 ouvriers pour les instruments d'optique et 74 compassiers. Malheureusement l'ouvrage a diminué et cet atelier, n'étant pas soutenu, doit être incessamment fermé. Pour le remplacer, on a créé un atelier de marqueterie, le *seul* qui soit, pour le moment, dirigé par un contre-maître étranger à la maison.

Il faut faire, en effet, cette remarque que tous les services sont faits par des prisonniers (à l'exception des *gardiens*). Dans chaque salle il y a ce qu'on appelle un *prévôt* qui a son suppléant. Le nom du prévôt est écrit à l'entrée de chaque salle. C'est le plus *recommandable* parmi les détenus, il porte sur son bras comme un galon de caporal pour se distinguer des autres. Dans les ateliers le contre-maître c'est encore un détenu. Une loge grillée le sépare des ouvriers, il leur distribue de l'ouvrage, en tient note au compte ouvert à chacun d'eux. De son côté tout *travailleur* a un cahier sur lequel il relève le nombre de ses journées. Le contre-maître, en les arrêtant, les reporte sur son registre à la masse du prisonnier. C'est dans les ateliers de la maison que l'on confectionne tout ce qui est nécessaire à l'habillement des détenus des deux sexes. Rien ne se fait au dehors.

Un ordre parfait règne dans les ateliers ; le silence y est entretenu comme règle, quoique le réglement que nous avons sous les yeux permette aux détenus, pendant le travail, de se livrer à la conversation, *sans faire entendre ni cris ni vociférations* (art. 26). Cette loi du *silence* qui nous paraît d'une exécution si pénible pour nous autres Français, la crainte d'une punition, l'habitude la rendent facile à supporter. Le travail est plus parfait, la discipline est rendue plus supportable parce qu'elle est plus douce, le prisonnier en subit le joug sans murmurer. A peine entrez-vous dans les ateliers, le silence (dans les ateliers où il n'y a pas de métiers) n'est interrompu que par la voix du contre-maître. *Otez vos casquettes*, dit-il : et cet ordre est ponctuellement et promptement exécuté. Parmi les ateliers des femmes, celui de la tisseranderie rapporte le plus à l'ouvrier. Une femme laborieuse a gagné jusqu'à 80 centimes par jour, tandis que le taux moyen du salaire est de 30 à 40. Dans le quartier des femmes la propreté se fait remarquer plus qu'ailleurs. La coquetterie, qui est l'apanage de ce sexe, le suit jusque dans cet asile !... Les femmes sont vêtues avec soin, elles portent sur la tête un fichu disposé avec une certaine recherche.

Après le travail qui paie le temps que tout condamné doit à l'état, on a cherché à établir des écoles pour les enfants et pour les jeunes filles. Ces écoles sont fort incomplètes, il n'y a pas d'instituteur spécial. Il en faudrait un en titre : à son défaut, on choisit la plus capable, elle montre ce qu'elle sait, fort imparfaitement d'abord, souvent peu de chose. D'ailleurs, il n'y a aucun bénéfice pour elle, nul avantage pour le moment, point d'amélioration dans sa position. C'est tout au plus une recommandation pour obtenir quelque abréviation dans la peine plus tard. C'est un appât insuffisant. Faites qu'il y ait pour les hommes un instituteur, pour les femmes une institutrice. L'enseignement indispensable que la loi accorde aux pauvres, la *lecture* et l'*écriture*, vous en ferez profiter les *enfants* AVANT TOUS, puis les *adultes*, qui sont ici en grand nombre. Ce serait une autre, mais très-grave question que celle de savoir si le travail devrait être *imposé*, au contraire s'il n'y aurait pas avantage pour la *moralisation* des détenus à ne l'*accorder* que comme *récompense* de leur bonne conduite ?

Nous n'aurions pas de peine à résoudre cette question si l'isolement de jour et de nuit devait être subi par le prisonnier. Mais,
dans le système actuel de nos prisons et de nos maisons centrales, en présence d'une population flottante entre 1000 à 1200 individus tous *confondus*, pêle-mêle, l'oisiveté à laquelle on les
condamnerait ne pourrait qu'accroître leur perversité, rendre leur
surveillance plus difficile et plus dangereuse ; le travail *seul* contribue à la rendre facile et sans péril. Le refus de travailler est
puni par la mise au cachot pendant trois jours. Si le détenu per-
siste dans son refus, sa détention continue jusqu'à ce qu'il se sou-
mette. En entrant au cachot, il se dépouille de ses vêtements ordinaires pour en revêtir de plus communs ; il n'a droit qu'au pain
et à l'eau. Manifeste-t-il le désir de travailler, on ne lui donne de
l'ouvrage que huit jours après, c'est la peine de son refus obsti-
né qu'il subit.

L'emploi de la journée est ainsi réglé. Du 1er novembre au 1er
mars, le lever a lieu à 7 heures du matin, le coucher à 8 heures
du soir. Du 1er mars au 1er avril, lever à 6 heures, coucher à 8
heures. Du 1er octobre au 1er novembre, lever à 6 heures, coucher
à 8 heures. Le déjeûner dure une demi-heure ; il est fixé à 8
heures du matin en été, à 9 heures en hiver. Le dîner a lieu à 2
heures ; le soir, à 6 heures le travail cesse.

L'heure accordée pour le repas doit suffire également pour la
récréation. Le dimanche, aucun détenu ne travaille. C'est pendant la récréation que les uns vont à la *cantine*, les autres écri-
vent à leur famille. Ils ont aussi la liberté de fumer sur les préaux.
On allume, pour ce temps-là seulement, une lampe qui est sus-
pendue à l'un des murs extérieurs des latrines. Tout *jeu* est in-
terdit, celui des cartes surtout. La moindre infraction à cette dé-
fense est punie du cachot.

Il est fâcheux de rencontrer sur un préau particulier des prisonniers valides inoccupés. Cela tient au manque d'ouvrage de *tel*
atelier auquel ils sont destinés, à l'exubérance des ouvriers. Malgré leur inaction involontaire, ils ont droit à un salaire fixé par
le tarif, en cas de *chômage*. Ce n'est pas leur fait s'ils ne travaillent pas, c'est à l'entrepreneur des travaux à les occuper.

Il y a également une salle où sont des vieillards, des invalides ;
ils travaillent à la paille, et font ce qu'ils peuvent pour ne pas
rester oisifs.

RÉFECTOIRE.

Je parcourais en tous sens la maison centrale, et je ne pouvais que donner des éloges mérités au spectacle qui s'offrait à mes yeux; c'était au moment du dîner que mon étonnement devait être au comble, pour l'ordre qui régnait au sein d'une masse d'individus composés de tant d'éléments hétérogènes. 2 heures sonnèrent, la cloche (car c'est elle qui annonce l'heure du travail comme du repos) appelait les détenus au dîner. Je me rendis avec l'inspecteur au réfectoire, vaste local où toutes les tables étaient disposées, des plats de riz préparés, un plat pour quatre. Je me plaçai dans la tribune de l'administration de laquelle on peut observer les détenus. Ils étaient environ 800. La première chose qui me frappa fut une inscription placée au milieu du réfectoire. « *Il y a mille fois plus de bonheur au ciel pour un pêcheur converti, que pour celui qui est toujours demeuré juste.* Pensée sublime, morale toute divine, et à la sainteté de laquelle la société ne répond que par un sourire d'incrédulité; le préjugé l'emporte. A chaque porte d'entrée (il y en a deux) se trouve un gardien. Les détenus entrent par deux selon les files disposées, pour que les tables éloignées soient les premières garnies. Chacun d'eux se découvre en entrant dans le plus grand silence; quand une file est placée, à l'ordre du gardien une autre prend place. Les enfans entrent les premiers, s'asseyent à une table séparée des autres. Lorsque tous sont entrés, ne croyez pas qu'à leur arrivée il se mettent à manger; à les voir s'asseoir et dans une attitude aussi calme, on croirait que tout autre motif les amène ici; pas de causerie, un silence complet règne partout. A un signal donné tous se lèvent, l'un d'eux récite le *benedicite*; la prière faite, le repas commence; pendant sa durée, un détenu fait une lecture pieuse, il est à regretter que la disposition du local ne permette pas à tous les détenus de l'entendre. A un nouveau signal le même mouvement s'exécute, la prière est faite, chaque file sort dans l'ordre qui lui est donné, les enfants les premiers pour se rendre sur un préau séparé; point de presse, point d'encombrement; le mouvement s'exécute de même dans le quartier des femmes. Jusqu'ici elles manquaient d'un réfectoire et mangeaient sur leur préau, dans quelque temps le réfectoire qu'on a préparé pour elles sera mis à leur disposition. A peine les détenus ont-ils quitté le réfectoire, que d'autres enlèvent les terrines, nettoient les salles. C'est pendant le dîner que les lettres adressées aux détenus leur sont remises ; celles qu'ils envoient à leurs parents , sont par eux jetées dans une boîte placée à l'entrée du réfectoire.

DORTOIRS.

Chaque salle ouvre sur un corridor. A chaque porte est un guichet grillé qui donne la facilité au gardien de voir, pendant la nuit, ce qui se passe dans les chambres. Il y a une lampe dans le dortoir. Le lit se lève contre le mur et se rabat le soir. Il est en bois, se compose d'un matelas, d'une couverture, d'un traversin, d'un drap en forme de sac. A chaque lit est attachée une carte indiquant le nom du détenu, le numéro de son écrou, l'époque à laquelle il sortira ; un surveillant est attaché à ces corridors. Le service est réglé de manière que, pendant la nuit, il y ait toujours sur pied un gardien dans chaque quartier. Le concierge et les guichetiers sous ses ordres sont personnellement responsables des détenus confiés à leur surveillance. Ils doivent s'assurer de leur présence par trois appels qui ont lieu, savoir : le premier le matin, le deuxième à midi, et le troisième à la rentrée dans les dortoirs. Ces dortoirs sont fermés, et les clefs en sont portées chez le concierge. Indépendamment de ces précautions, des rondes de nuit ont lieu, tant par le concierge que par les guichetiers, accompagnés des hommes de garde. Les lits existants doivent être remplacés par des lits en fer qui seront confectionnés dans la maison même ; ils seront livrés d'ici à trois ans. Il y aura économie et propreté tout à la fois par la suite.

INFIRMERIE.

Au bagne de Toulon (1), l'hôpital des forçats est tenu par des sœurs d'une congrégation religieuse. Dans la maison de Gaillon, le service de l'infirmerie est confié à des détenus et à des détenues, selon le quartier (des hommes et des femmes) auquel les malades appartiennent. En cela, nous pensons que l'administration agit sagement : c'est un moyen, en reconnaissant la bonne conduite des uns, de faire la critique de celle des autres ; c'est exciter l'émulation chez tous ; c'est leur rendre peu à peu la confiance, les

____

(1) Je fus autorisé à le visiter en 1830, par M. le ministre de la marine.

encourager dans la voie du bien, et les réhabiliter à leurs propres yeux. On ne saurait croire combien les détenus sont *fiers* (c'est le mot) de cette distinction ; chacun cherche à s'en rendre digne. L'ambition l'agite ; il compte le temps de l'infirmier comme celui du *prévôt* et du contre-maître, attend avec impatience la sortie du *titulaire* de l'emploi pour demander à le remplacer ; aussi, jamais la place n'est vacante. La confiance que quelques-uns inspirent est telle que, lorsqu'ils sont libérés, ils restent employés *extrà-muros* dans les ateliers de l'entrepreneur. Au-dessus de la tête du lit des malades, on place ce qui lui est nécessaire, tasse, assiette, etc. La mortalité n'est ici que d'un vingtième environ. Toute maladie grave, une hernie, par exemple, est soignée dans toutes ses phases ; on fournit au malade les bandages nécessaires à son état. A son entrée dans la maison, un détenu est-il affecté d'une maladie siphilitique, il est traité rigoureusement, selon les prescriptions de l'art. On sait que, dans nos maisons départementales, on ne leur administre que des palliatifs inefficaces pour détruire le mal. Aussitôt qu'un détenu est mort, on le transporte dans une salle dite *le refroidissoir*.

PEINES.

Ainsi frappés par la loi les reclusionnaires doivent encore être punis dans le lieu même de l'expiation du crime !... tant il est vrai que l'homme est souvent conduit par le génie du mal, et qu'il est difficile de triompher de ses mauvais penchants. La première loi à subir dans une maison centrale, c'est *l'obéissance*, la *soumission*. C'est ce que rappellait, en ma présence, l'inspecteur à un détenu contre lequel un gardien portait plainte, *la première chose c'est d'obéir*.

Jamais aucun gardien non plus que le directeur et l'inspecteur de la prison ne tutoient un détenu, excellente règle que l'on dédaigne dans les prisons ordinaires, encore plus au bagne où la main qui agit est de fer. Les femmes qui sont à l'infirmerie ou dans les ateliers, infirmières ou contre-maîtresses, n'adressent jamais la parole aux détenus ou détenues qu'avec une politesse remarquable. Une femme infirmière dit à des detenues qui se promenaient dans le jardin dépendant de l'infirmerie : *mesdames, il faut rentrer, la cloche a sonné*. Le Code pénal de la maison, c'est le réglement arrêté par le préfet de l'Eure. Quelques citations le feront juger.

Les infractions légères à la subordination sont punies de 24 heures de cachot ; la désobéissance accompagnée d'injures , menaces ou paroles malhonnêtes, de huit jours de cachot, et de trois mois, s'il a fallu employer la force pour la faire cesser. Les voies de fait envers les employés sont punies, selon la gravité , de trois mois à six mois de cachot ; le coupable a en outre les cheveux rasés. La réclusion au cachot est double si, dans le cas que nous venons d'indiquer , la faute a été commise envers le directeur ou l'entrepreneur. Toute plainte sans motifs est punie d'un ou de trois jours de cachot. Toute tentative d'évasion est punie de trois mois de cachot. Tout détenu qui en a connaissance et ne le révèle pas , est puni comme complice , disposition injuste, selon nous. Je ne sais si je ne devrais pas blâmer aussi cette autre, qui punit d'un à huit jours de cachot le détenu qui *alléguerait* avoir été condamné injustement.

Le Code pénal de la maison est souvent lu aux détenus. Lorsqu'un gardien trouve un détenu en faute , il le conduit dans la salle de dépôt. Le lendemain à neuf heures il le mène au directeur, à son défaut à l'inspecteur de la maison ; compte lui est rendu de ce qu'il a fait, le jugement est prononcé et exécuté immédiatement. Les punitions appliquées sur une masse de 800 individus, ne laissent pas d'être nombreuses. Au moment de ma visite, il n'y avait pas un cachot vide, il m'a paru qu'il y en avait au moins dix. Aussi, à raison de leur insuffisance, il y avait des cachots où deux détenus se trouvaient à la fois. Grave inconvénient lorsqu'on connaît jusqu'où va leur dépravation. On en voit feindre des maladies pour aller rejoindre à l'infirmerie des camarades de débauches, pourquoi ne commettraient-ils pas quelques fautes pour être mis au cachot avec eux ? Les cachots sont aérés, la disposition du lit de camp les préserve de toute humidité.

Il n'y a qu'un cachot que sa position condamne à une obscurité complète. Par cela même, y mettre un détenu c'est le punir plus rigoureusement qu'un autre. J'en fis l'observation à l'inspecteur qui donna l'ordre devant moi de changer l'individu qui habitait ce cachot, aussitôt que la localité le permettrait. Les fers sont heureusement inconnus ici. On reconnaît l'insuffisance de ce moyen de répression. Une discipline sévère, une justice bien appliquée sont bien préférables. Le cachot est également le lieu de punition des femmes. Mais, on conçoit, qu'on n'en use qu'avec réserve, et pour des infractions graves. On a songé à leur appliquer une punition plus légère en certains cas. Elle consistera (car elle n'a pas encore été appliquée) à revêtir les coupables d'une robe avec capuchon de toile d'emballage. On la placera, ainsi revêtue, dans un coin du préau, où elle sera exposée pendant le temps d'une récréation. L'inspecteur espère que ce mode de répression produira quelque effet ; mais en abuser serait le rendre puéril et sans gravité.

J'avais entendu dire qu'il existait à Gaillon un puits (à sec, bien entendu), dans lequel on descendait les plus mutins. Sans me laisser abuser par un récit exagéré, je voulus vérifier le fait. Je descendis soixante marches, et je me trouvai dans une fosse de vingt pieds carrés environ. Le froid était tel qu'il me saisit immédiatement. Nous fûmes tous d'accord sur la barbarie d'une telle punition, et j'appris avec satisfaction que l'on ne déposait plus personne dans cette glacière. On appelle ce lieu *les Oubliettes*. Il existe une seconde fosse ou puits qu'on nomme le *Mont solitaire*, et qui est tout aussi profond.

CHAPELLE.

Le service y est célébré une fois par semaine, le dimanche, par l'aumônier de la prison. Il y a obligation pour tous les détenus catholiques d'y assister. Pour ceux de la religion réformée, nulle contrainte. La surveillance est d'autant plus grande, qu'il importe à la sainteté du lieu que chacun se tienne dans le silence et dans le respect. Naguères, un détenu fut mis au cachot pour avoir juré étant à la chapelle. La chapelle n'est pas suffisante pour la population de la maison.

RÉSUMÉ.

Dans l'état actuel de notre législation pénale, la maison centrale de Gaillon est assurément aussi bien tenue qu'elle peut l'être. Les services sont organisés régulièrement. L'ordre, la propreté règnent partout. Une discipline sévère, sans manquer de justice, contribue à entretenir cette régularité. Sous un autre rapport, les précautions sont prises pour que le directeur connaisse jour par jour le mouvement et la situation de la prison. Tous les matins l'inspecteur remet au directeur un rapport indiquant le classement des détenus dans la maison, travaillants, inoccupés, soit comme manquant d'ouvrage, soit comme vieillards, soit comme étant en punition ou aux infirmeries. Chaque nombre réuni doit être égal à la population totale de la maison.

D'un autre côté, pour que le directeur puisse prononcer en connaissance de cause sur la moralité des détenus, un registre ouvert à chacun d'eux indique le numéro de son écrou; ses noms et prénoms; son âge; son état civil; sa profession; la date de sa condamnation; le commencement de sa peine; la peine qu'il subit (nous avons vu qu'elle est la même pour tous); son degré d'instruction à son entrée dans la prison; à sa sortie; le montant de sa masse à sa sortie; sa moralité antérieure à la condamnation, les faits qui ont donné lieu à des condamnations pendant sa détention; les punitions infligées; les récompenses et témoignages de confiance accordés; l'opinion que l'on s'est formé sur son compte à sa sortie; enfin, les observations dont il a été l'objet. Le *compte-ouvert* est essentiellement utile pour apprécier à tout moment la moralité du détenu; ce registre existe dans les pénitenciers, je l'ai vu en Suisse. L'administrafait plus en ce pays, elle suit le condamné lorsqu'il quitte la prison, entretient une correspondance avec les autorités de la commune dans laquelle il se retire, et l'aide à vivre par les bons renseignements qu'elle transmet sur son compte, et qu'il cherche à justifier. Le directeur de Gaillon agit parfois ainsi pour quelques détenus. Malgré tout ce que l'on fait pour amender des individus placés dans la maison centrale, il en est d'incorrigibles qui y reviennent tôt ou tard. Ils s'y trouvent si bien, qu'ils la nomment *leur maison de campagne.* Le nombre des récidives est d'un tiers. Sans doute, il est des organisations tellement vicieuses que tous les remèdes ne sauraient les rendre meilleures; ce nombre ne nous effraie pas, nous nous étonnons même qu'il ne soit pas plus considérable. La réforme nous paraît impossible en présence de la confusion qui règne parmi les détenus. Ils sont confondus dans les ateliers, dans les dortoirs, dans les préaux; condamnés pour attentats soit aux personnes, soit aux propriétés, la même peine régit des immoralités assurément différentes. Si le silence est imposé dans les ateliers et dans les dortoirs, il ne l'est pas sur les préaux; quelques instants suffisent pour détruire toute l'économie du système. Pour nous, nous pensons que la réforme ne l'obtiendra qu'avec un système complet d'isolement de jour et de nuit, et que l'on proscrira cet autre régime, adopté dans certains états de l'Union, l'isolement de nuit, travail en commun pendant le jour.

Si de longs jours devaient encore s'écouler avant que cette réforme ait été nettement pratiquée, nous voudrions du moins, pour parer au mal, qu'on fît des catégories nombreuses dans les maisons centrales, et qu'on ne confondît pas les individus qui ne sont pas coupables au même degré. On ne devrait pas mettre en contact des détenus pour la première fois, avec les condamnés par suite de récidive. Il y a quelque temps, on envoya de la maison centrale de Poissy à celle de Gaillon, deux cents individus environ. L'inspecteur me témoigna tout le mal que leur arrivée à Gaillon avait fait. C'est à Poissy que sont renfermés les plus mauvais sujets de Paris, ce sont les plus mutins des maisons centrales.

Il faudrait encore supprimer la surveillance avec laquelle la réforme ne saurait se maintenir. Je puis invoquer en faveur de cette suppression l'inspecteur de la maison de Gaillon, qui m'en signalait tous les inconvénients. Quatre mois avant l'expiration de sa peine, le détenu doit indiquer la commune dans laquelle il entend se retirer. Sa déclaration est transmise au ministre de l'intérieur, envoyée au préfet de la localité, et sa résidence est agréée ou rejetée. Mais, dans ce dernier cas, une nouvelle désignation devient nécessaire.

Je ne saurais terminer cette notice sans rendre justice à l'extrême complaisance de M. l'inspecteur Ratier, qui m'accompagna dans ma visite. M. Martin Deslandes était absent. J'ai quitté Gaillon après y avoir passé deux jours à tout observer, tout examiner. Ce n'est pas moi qui aurai le courage de publier le nom de quelques malheureux, plus coupables que d'autres !..., puissent-ils faire oublier un jour une triste célébrité !

Quelques heures après j'étais à Evreux ; une exécution à mort venait d'y avoir lieu (2), là, en plein midi, sur la place du marché, à quelques pieds des maisons qui entourent la place. Je frémis d'horreur au récit que j'entendis. On sait comment l'échafaud est dressé, le supplicié est jeté dans un panier placé sur l'échafaud, sa tête tombe dans un panier ! à Evreux il n'en est pas ainsi. A la place où sont les paniers, il y a deux ouvertures pratiquées dans le parquet même de l'échafaud. Sous l'ouverture au-dessous de la tête est un baquet, au moment où l'exécution a lieu, la tête tombe dans le baquet, le corps est jeté par cette espèce de trappe que j'indique, et tombe sur le pavé, avec fracas, le sang jaillit !

Permis à ceux qui en ont le triste courage, de se repaître de la

---

(2) Celle du nommé Pinel.

vue d'un cadavre... Le corps est placé dans une bière avec la tête ; l'échafaud enlevé, on jette de l'eau sur le pavé, et cette fange est poussée dans un trou recouvert d'une pierre que l'on soulève et qu'on replace ensuite.

Comment un pareil spectacle existe-t-il au dix-neuvième siècle, dans une des villes des plus importantes et des plus progressives, il y a quelques années encore, de la France ? Comment l'autorité municipale d'Evreux, remise à des hommes d'intelligence et de raison, ne fait-elle pas combler immédiatement cet égoût de sang ? Un pareil spectacle soulève et révolte la conscience de tout homme de bien !

9 782019 980191